HERR HERBSTEIN UND DIE BRAVSTEN KINDER DER WELT

Geschichten von Erwin Grosche
Mit Bildern von Silvio Neuendorf

Ravensburger Buchverlag

INHALTSVERZEICHNIS

DIE BABYSITTER-PRÜFUNG 4

JUNGE ODER MÄDCHEN 10

WIR VERJAGEN DEN REGEN 14

HERR HERBSTEIN HAT GEBURTSTAG 18

DIE ENTE 22

DER BLAUE BRIEF 26

DER GUTENACHTKUSS 30

DIE STREUGUTTESTER 34

BIMMELBAMMELBUMMELBAHN 40

DATTELRÖLLCHEN, NEIN DANKE! 44

DIE BABYSITTER-PRÜFUNG

Herr Herbstein saß am Tisch und aß seinen Milchreis mit Zimt.
„Wer Milchreis mag mit Zimt, spinnt!", versuchte ihn sein Papagei zu ärgern. Aber Herr Herbstein lachte nur und sagte: „Sei still du Papagei, sonst esse ich meinen Milchreis alleine und gebe nichts ab."
Es klingelte an der Tür. Herr Herbstein stand auf, öffnete die Haustür und sah vor sich Frau Brumshagen, seine Nachbarin.
„Sie müssen mir helfen", sagte Frau Brumshagen. „Ich muss schnell in die Stadt zum Einkaufen und habe niemanden, der auf meine Kinder aufpasst."
„Sie haben niemanden, der auf Ihre Kinder aufpasst?", fragte Herr Herbstein.
„Ja, ich bin ganz schnell wieder zurück!", sagte Frau Brumshagen.

„Es ist nur, dass keine Milch mehr da ist und gleich die Geschäfte schließen."
Herr Herbstein wusste nicht, was er tun sollte. Frau Brumshagen schaute nervös auf die Uhr und sagte: „Keine Angst, Melina und Elvis sind die bravsten Kinder der Welt."
Herr Herbstein überlegte, lief dabei auf und ab und sagte schließlich: „Einmal ist kein Mal! Also gut, ich probiere es."
Frau Brumshagen freute sich so darüber, dass sie Herrn Herbstein einen Kuss gab – und die Schlüssel für ihr Haus.
„Er kommt! Er kommt!", schrie Melina und zog Elvis und sich die gelbe Wolldecke über den Kopf. Heimlich blinzelte sie unter der Decke hervor. In der Wohnung stand ein großer dünner Mann mit freundlichen großen Augen. Er hatte blonde Wuschelhaare und eine so lange Nase, dass man daran einen Luftballon hängen konnte. Er trug eine hellblaue Streifenhose und eine dunkelblaue Jacke mit goldenen Knöpfen, als wäre er mal Kapitän gewesen.
„Hallo, hallo?", fragte Herr Herbstein, „ist hier jemand?"
Melina musste lachen und hielt sich die Hand vor den Mund, damit man sie nicht hören konnte.
„Piep, piep, piep!", piepte Elvis aufgeregt, als wäre er ein Vögelchen.
„Was war denn das?", fragte Herr Herb-

stein. „Ist hier ein Nest mit vielen kleinen Vögelchen?"
Melina und Elvis mussten so lachen, dass sich die gelbe Decke hin und her bewegte wie Wellen eines Meeres.
„Was ist denn das?", fragte Herr Herbstein.

„Da bewegt sich doch was."
Schnell zog er die gelbe Decke über Melina und Elvis hinweg.
Staunend schaute Herr Herbstein auf die beiden Kinder, die ihn anstarrten, als wäre er ein Auto.

„Hallo!", sagte schließlich Herr Herbstein. „Ich bin Herr Herbstein, euer neuer Babysitter."

Melina lachte: „Von wegen Babysitter. Wir sind doch keine Babys mehr! Ich bin schon fünf und mein Bruder Elvis ist fast vier Jahre alt."

Melina hielt dazu fünf Finger in die Luft und Elvis drei.

Herr Herbstein sagte unsicher: „Auf jeden Fall passe ich auf euch auf, bis eure Mama wieder nach Hause kommt."

„Kannst du das denn?", fragte Elvis.

Herr Herbstein überlegte: „Ich denke schon. Ich kann zum Beispiel auf einen Papageien aufpassen und das ist sicherlich schwieriger, als auf zwei Kinder aufzupassen, denn mein Papagei kann fliegen."

„Ich auch, oder?", rief Elvis. Er breitete seine Arme auf, und tat so, als würde er im Zimmer umherfliegen.

„Ich habe eine Idee!", quietschte Melina vergnügt, „wir machen eine Babysitterprüfung."

„Genau!", rief Elvis, „wir prüfen dich. Wir schauen, ob du alles kannst, was ein Kinderaufpasser können muss, oder?"

Melina stand nun auch auf und lief mit Elvis um Herrn Herbstein herum. „Fang uns doch!", riefen die Kinder, „ein Babysitter muss gut fangen können."
Herr Herbstein lief hinter den Kindern her und sagte: „Also, wenn ich etwas gut kann, dann ist es fangen."
„Dann fang uns doch, fang uns doch!", riefen Melina und Elvis.
Schnell rannten sie durch Wohnzimmer und Küche, liefen in den ersten Stock, hetzten durch das Kinderzimmer, drehten eine Runde im Badezimmer und liefen wieder zurück in das Wohnzimmer, weil Herr Herbstein ganz außer Atem war und noch immer keinen von ihnen gefangen hatte.
„Ich gebe es auf!", sagte er, „ein alter Mann ist kein D-Zug. Diese Aufgabe war zu schwer, kommen wir zur nächsten. Aber ganz, ganz langsam."

Erschöpft ließ sich Herr Herbstein auf das Sofa fallen und schnappte nach Luft.
Melina tröstete: „Du kannst zwar nicht fangen, aber immerhin schnell laufen, das ist doch schon was."
„Die nächste Aufgabe für Kinderaufpasser ist ganz leicht. Was macht man, wenn ein Kind Aua hat?", fragte Elvis.
Herr Herbstein strahlte die Kinder an und war sich sicher: „Einmal pusten und einmal trösten, dann ist alles wieder gut."
Elvis war noch nicht zufrieden. „Es fehlt noch was!", sagte er. „Mama sagt dabei noch einen Zauberspruch, oder?"
„Was denn für einen Zauberspruch?", fragte Herr Herbstein.
„Ganz einfach", sagte Elvis, „man pustet also auf die Stelle, die wehtut und sagt dabei:

*„Armer Onkel Wackelpeter
manchmal kommt der Schmerz erst später,
manchmal tut es gar nicht weh,
wenn erscheint die Pustefee.
Pust, pust, pust, ole!"*
Herr Herbstein schüttelte den Kopf.
Er hatte sich Babysitten leichter vorgestellt.
Melina tröstete: „Armer Herr Herbstein, es ist noch kein Babysitter vom Himmel gefallen. Aber jetzt gilt es, nun musst du die letzte und schwierigste Aufgabe lösen."
„Jetzt bin ich aber gespannt", sagte Herr Herbstein.
„Alle Kinder essen gerne Milchreis mit Zimt", sagte Melina. „Wie kocht man Milchreis mit Zimt?"
Herr Herbstein traute seinen Ohren nicht. Natürlich konnte er Milchreis mit Zimt kochen. Er war der größte Milchreis mit Zimt-Kocher der ganzen Welt.
Herr Herbstein legte los. „Ganz einfach. Ich koche Milchreis mit Milch, Salz und Vanillezucker."
Elvis klatschte begeistert in die Hände.
Herr Herbstein erzählte weiter: „Und nun kommt's. Bevor man nun den Milchreis auffuttert, bestreut man ihn mit …"
„Zimt!", riefen beide Kinder und tanzten um Herrn Herbstein herum.
„Und das Wichtigste am Milchreis mit Zimt ist", sagte Herr Herbstein, „dass man nicht nur über ihn reden, sondern ihn ganz schnell kochen kann."
„Hurra!", riefen die Kinder begeistert.
Herr Herbstein lief in die Küche.
„Du hast die Babysitter-Prüfung mit Zimt, ich meine natürlich mit Auszeichnung bestanden. Du darfst auf uns aufpassen!", rief Melina.
„Natürlich nur, wenn du willst, oder?", fügte Elvis hinzu.
Herr Herbstein überlegte und sagte schließlich: „Es ist mir eine Ehre!" Und wollte nun rasch den Milchreis kochen, aber im Kühlschrank war keine … Milch.
„Natürlich!", murmelte er. „Eure Mutter ist doch extra in die Stadt gegangen um Milch zu holen."
In dem Augenblick kam Frau Brumshagen nach Hause und stellte ihre zwei Milchtüten in den Kühlschrank.
„Sie schickt der Himmel!", rief Herr Herbstein Frau Brumshagen zu und riss dabei eine Milchtüte auf.
„Mami, Mami", jubelte Elvis, „wir haben einen neuen Babysitter, oder?"
„Genau!", rief Melina. „Endlich ein Babysitter, der auch Milchreis mit Zimt kochen kann."

„Ich sag's ja", flüsterte Herr Herbstein und schüttete die Milch in den Topf, „wer Milchreis mag mit Zimt, gewinnt!"

Und alles war wieder gut und die Welt in Ordnung – bei Herrn Herbstein und den bravsten Kindern der Welt.

JUNGE ODER MÄDCHEN

Frau Brumshagen musste zur Post um ein Paket abzuholen. Eigentlich wollte sie Melina und Elvis mitnehmen, aber die hatten keine Lust auf die langweilige Post und wollten lieber zu Hause bleiben und spielen. Zum Glück wollte aber Herr Herbstein auf die Kinder aufpassen und so ergab sich alles zum Besten.

„Ich beeile mich auch!", sagte Frau Brumshagen. „Und zackdiback bin ich wieder da."
„Keine Eile", lachte Herr Herbstein, „ich spiele mit Melina und Elvis ‚Junge oder Mädchen', da vergeht die Zeit wie im Flug."
Die bravsten Kinder der Welt saßen auf der Fensterbank und schauten ihrer Mutter zu, wie sie mit dem Fahrrad zur Post fuhr.
„Wie spielt man denn ‚Junge oder Mädchen'?", fragte Elvis gelangweilt.
„Ganz einfach", sagte Herr Herbstein, „wir schauen einfach aus dem Fenster und wenn ein Mädchen vorbeikommt, habt ihr gewonnen, und wenn ein Junge vorbeikommt, gewinne ich." Die Kinder verzogen gelangweilt ihre Gesichter, bis Melina schließlich sagte: „O.K., wir spielen mit, aber wenn wir gewinnen, musst du dich als Frau verkleiden."
Herr Herbstein nickte: „Und wenn ihr verliert, muss sich Melina als Junge und Elvis als Mädchen verkleiden."

„Ich verkleide mich nicht als Mädchen, oder?", rief Elvis.

„O.K., Bruderherz, aber dann müssen wir gewinnen", beschloss Melina und das Spiel begann.

Alle drei glotzten wie Katzen aus dem Fenster. Lange Zeit passierte nichts, einmal fuhr ein rotes Auto vorbei, aber sonst bewegte sich nichts auf der Straße.

„Langweilig", sagte Elvis, „da können wir ja lange warten, oder?", und bohrte in der Nase.

Herr Herbstein starrte weiterhin auf die Straße und sagte nichts.

„Da, da, da", rief er plötzlich, „da kommt jemand!"

Ein Mädchen fuhr mit einem Roller über den Bürgersteig und schaute belustigt auf die drei Gesichter hinter der Scheibe.

„Hurra!", schrie Melina. „Ein Mädchen! Der erste Punkt geht an uns."

Elvis jauchzte: „Ein Punkt ist voll gut, oder?"

Er freute sich so, dass er sogar vergaß einen Riesenpopel aufzufuttern. Herr Herbstein nickte enttäuscht. Das fing ja gut an, als hätte sich alles gegen ihn verschworen, rannte als Nächstes die Mädchenfußballmannschaft der Bonifatiusschule mit sieben Mädchen vorüber und wollten zu ihrer Turnhalle.

„Hurra!", schrie Melina. „Sieben Mädchen rennen vorüber. Das sind sieben Punkte für uns. Sieben Mädchen von jetzt und das eine Mädchen von vorhin machen zusammen acht Mädchen."

„Dann steht es 8:0 für uns, oder?", lachte Elvis und kitzelte übermütig Herrn Herbstein, der gar nicht lachen wollte, weil er schon wieder verloren hatte.

„Wenn du verlierst, Herr Herbstein, musst du dich als Frau verkleiden, oder?", lachte Elvis.

„Ja, und?", murmelte Herr Herbstein. „Als Frau war ich schon lange nicht mehr verkleidet!" Man spürte aber ganz genau, dass er lieber seinen Kapitänsanzug trug.

Als Nächstes kamen die Zwillinge Doris und Dörte Zischler auf ihren Fahrrädern vorbeigedüst, und die Kinder hatten wieder zwei Punkte gewonnen. Danach zog Klein Katrin ihre Hündin Babsi hinter sich her und beide streckten Herrn Herbstein die Zunge heraus. Herr Herbstein ärgerte sich so darüber, dass er Klein Katrin und ihrer Hündin ebenfalls die Zunge zeigte. Nun waren so viele Mädchen am Fenster vorübergezogen, dass es sogar 12:0 für Melina und Elvis stand. Herr Herbstein war sauer. Er ging in die Küche und fing an zu spülen. Melina schaute Elvis an und

flüsterte ihm etwas ins Ohr. Elvis stand danach grinsend auf und lief aus dem Zimmer nach draußen.

„Herr Herbstein, komm doch wieder ans Fenster. Das Spiel ist noch nicht vorbei!", rief Melina.

Herr Herbstein spülte gerade Elvis Lieblingstasse und winkte ab: „Ich bleibe, wo ich bin. Verlieren kann ich auch von hier aus."

„Komm doch!", bat Melina.

Am Fenster tat sich was. Erstaunt sah Herr Herbstein einen Jungen von links nach rechts hüpfen. Es war Elvis, der auf einem Bein von links nach rechts hüpfte. Klarer Fall, im Spiel „Junge oder Mädchen" war ein Junge vorbeigekommen. Herr Herbstein holte auf, nun stand es nur noch 12:1 für die bravsten Kinder der Welt. Kurz darauf hüpfte Elvis auf dem Bein, aber nun von rechts nach links, an ihnen vorüber und wieder holte Herr Herbstein einen Punkt und es stand nur noch 12:2. Herr Herbstein klatschte begeistert in die Hände und hatte seinen Ärger vergessen.

„Sehen sie", lachte Melina, „alles wendet sich zum Guten."

Herr Herbstein holte Punkt um Punkt auf und bis Frau Brumshagen von der Post zurück war, war Elvis so oft hin- und hergelaufen, dass es nur noch 12:9 für Melina und Elvis stand. Elvis kam stolz mit seiner Mutter herein und trug ihr großes Paket, welches sie von der Post geholt hatte.

„Was ist denn hier los?", fragte Frau Brumshagen erstaunt.

„Ich habe verloren", lachte Herr Herbstein, „aber das ist nicht so schlimm. Die Kinder haben alles dafür getan, dass ich trotzdem gute Laune bekomme."

„Aber verloren hast du trotzdem", flüsterte Melina, „und du weißt ja, was der Verlierer tun muss?"

Herr Herbstein nickte. „Ich weiß, ich muss mich nun als Frau verkleiden, aber wo soll ich für mich ein Frauenkostüm herbekommen?"

„Vielleicht kann ich helfen", sagte Frau Brumshagen und hielt Herrn Herbstein das Postpaket entgegen. „Ich habe mir von Neckermann ein Kostüm schicken lassen und glaube, das wird Ihnen ganz entzückend stehen."

Kopfschüttelnd verzog sich Herr Herbstein mit dem Paket ins Badezimmer und guckte nach einiger Zeit vorsichtig aus der Tür.

„Komm heraus, Herr Herbstein!", rief Melina. „Wir wollen dich ganz sehen."

Langsam kam Herr Herbstein aus dem Badezimmer und stellte sich im

Neckermannkostüm, mit Kleid und Bluse, vor die Kinder. Melina sagte nach einiger Zeit: „Du siehst wirklich …" Weiter kam sie nicht, dann warf sie sich vor Lachen auf den Boden. Herr Herbstein wurde verlegen und wollte sich schon beleidigt zurückziehen, als Frau Brumshagen schnell sagte: „Wissen Sie was, Herr Herbstein, wenn Sie nicht ein Mann wären, könnten Sie glatt meine beste Freundin sein." Da musste auch Herr Herbstein lachen. Und alles war wieder gut und die Welt in Ordnung – bei Herrn Herbstein und den bravsten Kindern der Welt.

WIR VERJAGEN DEN REGEN

Frau Brumshagen wollte in die Stadt. Im Kaufhaus Klingenthal gab es heute ein Supersonder-Regenschirmangebot und das wollte sie sich nicht entgehen lassen. Zum Glück hatte Herr Herbstein Zeit, auf die Kinder aufzupassen. „Es sind doch die bravsten Kinder der Welt", sagte Herr Herbstein, „es ist mir ein Vergnügen mit ihnen zu spielen."
Er wollte mit den Kindern ein Picknick im Paderquellgebiet machen und Melina und Elvis tanzten begeistert um ihn herum.
„Prima, ein Picknick im Paderquellgebiet!", rief Melina.
„Dort gibt es einen Kinderspielplatz", sagte Elvis, „da kann man mit Sand werfen, oder?"
Sie packten alles zusammen, was man für ein Picknick im Park brauchte. Melina stopfte ein Bilderbuch, eine Trompete, Kaugummi, zwei Schwimmflügel und ihr Schaf Örschi in den Rucksack. Elvis nahm zum Sandstreuen ein rotes Sieb, ein blaues Sieb, eine gelbe Gießkanne und Reinhardt, den großen Schmusebären mit. Nun konnte es losgehen.
„Moment", lachte Herr Herbstein, „für ein Picknick braucht man noch ein wenig mehr."
Er hatte vor sich einen Korb stehen, in den er schon eine Picknickdecke gelegt hatte. Aus der Küche holte er dann Apfelsaft und Mineralwasser, schmierte für jeden drei Butterbrote mit Wurst, Käse und Marmelade, warf für den Nachtisch Butterkekse, Bananen, Äpfel in den Korb und kleisterte sich und die Kinder mit Sonnencreme ein.
„Picknick, Picknick, prima, prima Picknick", sangen Melina und Elvis und hängten ihre Rucksäcke um.
Melina öffnete die Haustür und sagte mit einem Blick auf den Himmel: „Oh, oh! Ich glaube bei diesem Picknick wird das Wetter nicht mitspielen."
Tatsächlich, am Himmel hatten sich schwarze Wolken versammelt, aus denen es plötzlich wie wild zu tropfen begann. Ehe man sichs versah, war der schlimmste Frühlingsregen im Gange und machte alles nass, was nass und nicht nass gemacht werden wollte.
„Mistwetter! Was machen wir denn jetzt?", schimpfte Elvis.
„Ich weiß es auch nicht", stöhnte Melina, „wahrscheinlich müssen wir warten, bis der Regen aufhört."
Herr Herbstein stellte den Picknickkorb in

den Flur zurück und tröstete: „Von wegen, wir lassen uns doch nicht von einem stinknormalen Landregen unser Picknick verderben!"

„Was hast du vor?", fragte Melina.

Herr Herbstein streckte die Arme zum Himmel und rief: „Wir werden den Regen verfluchen."

„Wir werden den Regen verfluchen?", fragte Melina unsicher.

„Ja", sagte Herr Herbstein, „wir werden ihn so lange beschimpfen und nerven, bis er beleidigt abhaut und wieder die Sonne an den Himmel holt."

„Und das klappt?", fragte Melina ungläubig.

„Natürlich", flüsterte Herr Herbstein, „macht mir einfach nur alles nach und ihr werdet schon sehen, was passiert."

Melina und Elvis schauten sich an, nickten mit dem Kopf und streckten auch die Arme zum Himmel.

Plötzlich fing Herr Herbstein an zu schreien: „Du blöder Regen mach dich vom Acker!"

„Und was sollen wir jetzt machen?", fragte Melina.
„Macht mit, beschimpft den Regen so lange, bis er sich verzieht!", sagte Herr Herbstein.
„Hau ab, du doofer Regen, wir wollen Picknick machen!", schrie Melina noch unsicher.
„Lauter", schrie Herr Herbstein, „wir müssen den Regen noch lauter verfluchen, sonst hört er uns nicht und regnet einfach weiter."
Herr Herbstein grölte noch mal:
„Mach dich vom Acker, blöder Regen."
Elvis schrie: „Hau ab und lass dich am Himmel nicht mehr sehen, oder?"
„Wir wollen Picknick machen und du störst!", schrie Melina lachend.
Herr Herbstein war begeistert.
„Prima Kinder", sagte er, „so müssen wir es machen."
„Regen, du kannst mir im Mondschein begegnen", schimpfte Melina laut wie ein Rohrspatz. „Wenn ich schlafe kannst du regnen, wie du willst, aber doch nicht jetzt!"
„Regen, ich lade dich nie wieder zu meinem Geburtstag ein!", schrie Elvis zum Himmel.
„Wenn du alles nur nass machen kannst, solltest du eine Windel tragen, oder?"
„Oh Regen, ich verfluche dich wie einen Teller voller Linsensuppe!", rief Herr Herbstein, der keine Linsensuppe mochte.
So beschimpfen die drei den armen Regen, der nicht daran dachte mit dem Tropfen aufzuhören. Er fiel im Gegenteil noch kräftiger auf sie herab.
„Das klappt nicht immer", murmelte Herr Herbstein, „manchmal klappt's und manchmal klappt es nicht."
„Und heute klappt es nicht, oder?", maulte Elvis.
„Dann fällt heute unser Picknick aus?", fragte Melina traurig.

Herr Herbstein nickte. „Wenn nicht ein Wunder geschieht, müssen wir wohl zu Hause bleiben."

In diesem Augenblick kam Frau Brumshagen nach Hause.

„Ihr seht ja aus wie drei Tage Regenwetter", sagte sie zu Herrn Herbstein und den Kindern.

„Wir wollten eigentlich im Park ein Picknick machen und nun regnet es", sagte Melina zu ihrer Mutter.

Frau Brumshagen lachte: „Aber, aber, nur wegen dem bisschen Regen muss man doch nicht auf ein Picknick verzichten. Seht mal, was ich im Kaufhaus Klingenthal im Sonderangebot bekommen habe."

Aus einer Riesenplastiktüte holte sie drei wunderschöne, große Regenschirme.

„Prima, mit diesen Regenschirmen stehen wir auch bei Regen im Trockenen", begriff Herr Herbstein.

Melina und Elvis spannten ihre Schirme auf und gingen nach draußen. Als der Regen nun sah, dass er die Kinder nicht nass machen konnte, hörte er zu weinen auf und verdrückte sich mitsamt seinen Schlechtwetterwolken.

„Der Regen haut ab", schrie Elvis, „wir können endlich picknicken und Sand schmeißen mit allem Drum und Dran, was dazu gehört, oder?"

„Komisch, wie schnell der Regen kommt und geht", wunderte sich Frau Brumshagen und half Melina ihren Regenschirm zu schließen.

Herr Herbstein lachte. „Wieso komisch? Unsere Regenverfluchung hat eben doch geklappt – nur etwas später."

Alle lachten.

Und alles war wieder gut und die Welt in Ordnung – bei Herrn Herbstein und den bravsten Kindern der Welt.

HERR HERBSTEIN HAT GEBURTSTAG

Frau Brumshagen liebte es Torten zu backen und wollte deshalb einen Tortenkursus besuchen. Sie sagte zu den Kindern: „Melina und Elvis, geht heute zu Herrn Herbstein! Er feiert ein Fest und wird sich um euch kümmern."

„Herr Herbstein hat Geburtstag", wusste Elvis, „da werde ich ihm ein Monster-Bild malen, oder?"

„Das ist ein gute Idee", sagte ihre Mutter, „nur seid bitte brav, damit ich von Herrn Herbstein keine Klagen höre."

„Natürlich sind wir brav", versprach Melina, „wir sind doch die bravsten Kinder der Welt."

Als Melina mit ihrem Bruder an der Hand vor Herrn Herbsteins Haus stand, entdeckten sie ihn auf seinem Balkon, wo er gerade die Blumen goss.

„Eins, zwei, drei", gab Melina vor und dann grölten sie, so laut sie konnten: „Wir wünschen dir Wollstrümpfelein und eine Hose nicht zu klein und eine Mütze nicht zu groß, dass nicht ein wilder Windestoß sie dir von deinem Kopfe stößt, womöglich dir noch Angst einflößt; vor allem soll Herr Herbstein fein Geburtstag feiern mit uns zwei'n."

Vom Gesang angelockt, kam Herr Herbsteins Papagei aus der Wohnung geflogen und krächzte ein lautes „Bravo" und auch Herr Herbstein rief „Bravo". Er war so überrascht, dass er beinahe Elvis und Melina mit seiner Gießkanne begossen hätte. Dabei wachsen Kinder doch von alleine.

„Liebe Kinder", rief er von seinem Balkon, „ich bin gerührt und weiß gar nicht, was ich sagen soll."

„Sag doch, dass du gerührt bist und gar nicht weißt, was du sagen sollst", krächzte sein Papagei. Aber Herr Herbstein schüttelte nur den Kopf, weil er das doch gerade gesagt hatte. Die Kinder lachten und Elvis hielt sein selbst gemaltes Monster-Bild in die Höhe. Auf dem Bild war ein Monster-Papagei gemalt.

„Super!", krächzte der Papagei. „Der Monstervogel sieht genauso aus wie ich."

Stolz flog er auf Herrn Herbsteins Schulter.

„Liebe Kinder", fing dieser seine Rede an, „weil ich heute glücklich bin und mich über eure Geburtstagsgeschenke freue, dürft ihr heute ausnahmsweise so viel Quatsch machen, wie ihr wollt. Ich schlage vor, dass ihr als Erstes in der Matsche spielen dürft und dabei so viel herummatscht, wie ihr wollt."

„Super Idee", krächzte der Papagei und Elvis wollte schon begeistert zustimmen, als Melina den Kopf schüttelte und sagte: „Nein danke, Herr Herbstein, wir sind doch brave Kinder und wenn wir in der Matsche matschen, dann sehen wir bald selber aus wie Matsche."
„Sei nicht traurig, Elvis", flüsterte Melina ihm zu, „du weißt doch, was wir unserer Mutter versprochen haben?"
„Ja, ich weiß", flüsterte Elvis enttäuscht.
„Wir wollen ganz brav sein, oder?"
Herr Herbstein überlegte, wie er den Kindern eine andere Freude machen konnte. Endlich hatte er eine Idee.
„Liebe Kinder", rief er von seinem Balkon, „weil ihr mir ein so tolles Geburtstagslied gesungen habt und ein solch schönes Monster-Bild gemalt habt, dürft ihr heute an meinem Jubeltag so wild auf meinem Sofa herumspringen,
wie ihr wollt."

„Bravo, prima, Superidee", gab der Papagei seinen Senf dazu.
Gleich wollte Elvis begeistert in Herrn Herbsteins Wohnung stürmen, um sich auf dessen Sofa breit zu machen, als ihn Melina zurückhielt und zum Balkon hochschrie: „Vielen Dank für das Angebot, Herr Herbstein, aber dauernd auf Ihrem Sofa auf- und abzuspringen hält doch das stärkste Sofa nicht aus, geschweige denn Ihre alte Schnarchkiste."
Herr Herbstein schaute kopfschüttelnd die Kinder an und staunte: „Ich wundere mich doch, wie vernünftig ihr seid, aber ein wenig feiern sollten wir schon. Wie wäre es mit einem Stückchen Geburtstagstorte und ein bisschen Sahne obendrauf?"
Elvis schaute bittend Melina an und flüsterte: „Man soll nichts übertreiben, auch nicht das brav sein, oder?"
Melina überlegte. Gegen ein Stückchen Geburtstagstorte mit ein bisschen Sahne obendrauf konnte wirklich niemand etwas haben; genau genommen konnte auch niemand etwas gegen zwei Stückchen Geburtstagstorte mit ein bisschen Sahne obendrauf haben. Melina schaute zu Herrn Herbstein. Er stand nun mit der wundervollen Geburtstagstorte auf dem Balkon und hielt sie über das Geländer. Sie sah so lecker aus, dass einem das Wasser im Mund zusammenlief.
„Also gut", schrie Melina, „man soll die Feste feiern, wie sie fallen."
„Fallderi und falldera", sang Elvis. „Torten schmecken wunderbar."

Herr Herbstein klatschte begeistert in die Hände.
„Vorsicht die Torte fällt!", krächzte der Papagei.
Zu spät, die Torte landete auf den Bürgersteig und machte dabei ein lautes „Platsch!".
„Platsch!", plapperte der Papagei dem Tortenplatsch nach.
„Was hat denn hier „Platsch!" gemacht?", fragte Herr Herbstein, wusste aber gleich die Antwort selbst, als er unter sich die zerplatschte Torte sah.
In diesem Augenblick kam Frau Brumshagen um die Ecke und rief den völlig verdutzten Kindern zu: „Hallo Kinder, was macht ihr denn für ein Gesicht? Ich denke, ihr seid oben bei Herrn Herbstein und feiert Geburtstag. Stellt euch vor, wir haben heute im Tortenkursus eine leckere Erdbeertorte gebacken. Hat jemand zufällig Hunger auf ein Stückchen Erdbeertorte?"
Da brauchte niemand lange zu überlegen: „Ja!", schrien Melina und Elvis.
Herr Herbstein atmete auf und sagte: „Sie sind so süß, Frau Brumshagen. Meine Torte ist doch heruntergefallen. Nun kann ich sie doch noch alle zu meiner Geburtstagsparty einladen."
Und alles war wieder gut und die Welt in Ordnung – bei Herrn Herbstein und den bravsten Kindern der Welt.

DIE ENTE

Frau Brumshagen war mit einem Freund verabredet. Sie wollten zusammen ein Bild malen. Zum Glück hatte Herr Herbstein Zeit auf die Kinder aufzupassen und wollte so lange bei ihnen bleiben, bis Frau Brumshagen wieder zurück war.

„Wenn ich Sie nicht hätte", sagte Frau Brumshagen, „wüsste ich manchmal gar nicht, was ich machen sollte."

Herr Herbstein kraulte seinem Papagei den Hals und winkte ab: „Das mache ich gerne, schließlich sind ihre Kinder doch …"

„… die bravsten Kinder der Welt", krächzte der Papagei den Satz zu Ende. Doch Frau Brumshagen schüttelte besorgt den Kopf.

„Heute leider nicht. Heute sind meine Kinder sehr schlecht gelaunt."

„Ich mache das schon", versicherte Herr Herbstein. „Machen Sie sich keine Sorgen."

„Ich hoffe, Sie haben Recht", seufzte Frau Brumshagen. „Wenn die Kinder mal schlechte Laune haben, dann haben sie wirklich sehr sehr schlechte Laune."

Herr Herbstein machte sich auf den Weg.

„Was machen wir denn heute?", fragte Elvis schlecht gelaunt. „Ich habe Langeweile, oder?"

„Wir könnten Bilder malen", sagte Herr Herbstein fröhlich.

„Bilder malen finde ich langweilig",

murmelte Melina auch schlecht gelaunt. „Wir haben heute Morgen schon mit Mama Bilder gemalt und das war schrecklich langweilig."

„Ich kann sehr gut malen. Ich könnte Tiere malen und ihr müsst raten, was das für Tiere sind", schlug Herr Herbstein vor.

„Tiere raten ist voll langweilig, oder?", maulte Elvis und bohrte lieber in der Nase, fand dort aber nichts.

„Was ist denn mit euch los", wunderte sich Herr Herbstein. „Dass ihr so schlechte Laune habt, kenn ich gar nicht."

Melina und Elvis krochen in einen Karton, in dem vorher ein Staubsauger verpackt gewesen war und wollten nichts sehen und nichts hören.

Herr Herbstein ließ sich nicht einschüchtern: „Ich hole mir erst mal den Malkasten, fülle ein Glas mit Wasser, säubere den Pinsel und stelle ihn dort hinein."

„Voll langweilig, oder?", hörte er Gemurmel aus dem Karton, aber es klang schon nicht mehr ganz so schlecht gelaunt.

Herr Herbstein setzte sich mit einem Malblock an den Wohnzimmertisch, begann zu malen und sang dabei so laut, dass ihn alle hören mussten: „Sollen wir mal wetten, ich mal einen fetten … was, das sag ich nicht, rat mein Tiergesicht."

Im Karton war es still, aber ein Fenster ging dort auf, als wollte man alles mitbekommen, was gerade am Zeichentisch geschah. Herr Herbstein sagte laut: „Wer mein Tier erraten will, der muss herkommen."
Langsam krabbelten aus dem Karton zwei Beine hervor, bis schließlich der ganze Elvis zu sehen war. Langsam und voller Neugierde kam er zu Herrn Herbstein herübergedackelt.
Stolz zeigte Herr Herbstein sein gemaltes Bild und fragte: „Kannst du das Tier erkennen?"
Elvis schüttelte den Kopf. „Was soll denn das sein, wenn es fertig ist? Ich finde es sieht wie eine Ente aus, oder?"
„Was sieht wie eine Ente aus?", schrie Herr Herbstein. „Ich habe doch einen wunderschönen Papagei gemalt."
Roten Kopfes fing er sofort an ein neues Bild zu malen und sang dabei: „Sollen wir mal wetten, ich mal einen fetten … was, das sag ich nicht, rat mein Tiergesicht."
Stolz zeigte er sein neues Bild, aber Elvis schüttelte den Kopf und murmelte: „Das erkennt kein Schwein! Was soll das sein?"
Herr Herbstein schaute auf sein Bild und sagte so laut, dass es alle hören konnten, selbst wenn sie noch immer in einem Karton saßen: „Was? Das Tier erkennt kein Schwein? Vielleicht brauchst du Hilfe?"
Er hatte Erfolg. Langsam kamen aus dem Karton zwei Beine heraus, bis schließlich die ganze Melina zu sehen war und sie zu ihm herüberlief.

„Zeig mal", sagte Melina, „ich möchte das Tier erraten."
Sie schaute sich mit Elvis das Bild an und schüttelte den Kopf.
„So ein Tier habe ich noch nie gesehen", sagte sie. „Gibt es überhaupt so ein Tier?"
„Gibt es überhaupt so ein Tier?", äffte Herr Herbstein Melina nach. „Natürlich! Dieses Tier ist ein Elefant."
„Also, dein Elefant sieht eher wie eine Ente aus", fand Melina.
Schlecht gelaunt nahm Herr Herbstein den Pinsel zur Hand und malte noch ein Tier.
„Sollen wir mal wetten, du malst einen fetten … was, das sagst du nicht, rat das Tiergesicht", sangen die Kinder.
Herr Herbstein malte dieses Mal besonders sorgfältig und fragte: „Was ist das?"
„Das ist kein Papagei, oder?", fragte Elvis. Herr Herbstein schüttelte den Kopf.
„Ist es ein Elefant?", fragte Melina.
Herr Herbstein schüttelte wieder den Kopf.
Die Kinder wussten nicht mehr weiter, da rief Herr Herbstein: „Das ist eine Ente! Das sieht doch jeder. Eine Ente ist das!"
In diesem Augenblick kam Frau Brumshagen nach Hause, hängte ihre Jacke an die Garderobe und fragte: „Was ist denn hier los?"

Beide Kinder liefen zu ihrer Mutter und gaben ihr einen Kuss.

„Mami, Mami! Herr Herbstein hat mit uns Tiere raten gespielt, da haben wir gleich bessere Laune bekommen."

„Ich nicht", beklagte sich Herr Herbstein und hielt Frau Brumshagen sein Bild entgegen: „Liebe Frau Brumshagen, Sie verstehen etwas von Malerei. Sagen Sie doch bitte Ihren Kindern welches Tier Sie hier entdecken."

Frau Brumshagen schaute sich lange das Bild an, drehte es hin und her und sagte schließlich: „Es ist auf jeden Fall … Kunst. Egal welches Tier es darstellt. Es ist große Kunst."

Herr Herbstein nickte stolz und wollte noch mehr hören.

„Und als Tier erkenne ich …", überlegte Frau Brumshagen und schaute ihre Kinder an, als ob sie Hilfe brauchte. Plötzlich watschelte Melina durch den Raum und Elvis fing leise an zu schnattern. Da war ein Watscheln und ein Schnattern, bis Frau Brumshagen endlich verstand und erleichtert weitersprach: „Lieber Herr Herbstein, dieses Bild ist wunderschön und als Tier erkenne ich ganz klar eine Ente."

Herr Herbstein atmete erleichtert auf, lächelte und war zufrieden. Und alles war wieder gut und die Welt in Ordnung – bei Herrn Herbstein und den bravsten Kindern der Welt.

DER BLAUE BRIEF

Herr Herbstein war gerade bei Melina und Elvis, als der Briefträger den blauen Brief brachte. Frau Brumshagen kaufte heute Reinigungsmittel für den Frühjahrsputz ein und Herr Herbstein passte auf die Kinder auf. Der blaue Brief war an Familie Brumshagen gerichtet und Melina öffnete ihn. Staunend las Herr Herbstein den Brief vor: „Liebe Familie Brumshagen, nach den neuesten Bestimmungen der städtischen Laternenstelle sind Sie in diesem Monat an der Reihe die blaue Straßenlaterne vor Ihrem Haus zu putzen. Mit freundlichen Grüßen, Ihr Bürgermeister Paus."
„Ach du lieber Himmel", sagte Melina, „wir sind dran mit Laternenputzen und haben noch nicht Mal eine Stehleiter."
„Wenn doch Mama hier wäre", seufzte Elvis. „Die kriegt alles sauber, auch blaue Straßenlaternen, oder?"
Herr Herbstein hatte eine Idee. „Leute, das wäre doch gelacht. Wir werden die Straßenlaterne putzen. Eure Mama wird staunen, wenn alles blitzt und funkelt wie ein frisch gewaschener Kinderpopo."
Melina fragte: „Und wo bekommen wir die große Leiter her?"
Herr Herbstein lachte: „Was glaubt ihr wohl, warum mein Auto nicht in der Garage steht? Ich will es euch sagen – weil dort meine Riesenleiter allen Platz wegnimmt."
Melina und Elvis marschierten hinter Herrn Herbstein her, bis sie in seiner Garage standen und die vier Meter hohe Riesenleiter sahen.
„Puuuh", staunte Elvis, „das ist ja ein ganz schöner Oschi, oder? Wie bekommen wir die nur heraus?"
„Da hilft nur schieben und tragen!", rief Herr Herbstein, der schon am Ende der Leiter stand.
„Ich geh in die Mitte, oder?", sagte Elvis und krabbelte unter die Leiter, während Melina am vorderem Ende stand und laut rief: „Hau ruck!"
Zum Glück war der Weg nicht weit zu Brumshagens Garten und endlich hatten sie die Leiter unter der blauen Laterne aufgestellt.

„Elvis", befahl Melina, „du holst einen Wischer und einen Wischeimer aus unserem Gerümpelkeller."
Elvis nahm Haltung an, hielt eine Hand wie ein Matrose am Kopf und sagte: „Ey-ey, Frau Kapitän. Matrose Elvis ist auf dem Weg, oder?" Und er lief in den Keller.
Herr Herbstein schaute sich die Laterne an. Sie sah wirklich schmutzig aus. Alles was vorher blau war, war nun grau und blass.
„Die Laterne sieht aus wie mein schmutziger Spazierstock", rief Herr Herbstein. „Am besten du, Melina, steigst hoch und putzt die Laternenspitze blitzeblank."
„Ich?", fragte Melina, als hätte sie nicht richtig gehört, „warum denn ich?"
Herr Herbstein kratzte sich am Kopf und sagte: „Ich bin nicht schwindelfrei."
Elvis kam mit dem Wischer und dem Wischeimer angelaufen. Melina schaute ängstlich nach oben.
„Na ja", sagte sie, „ich schlafe in unserem Hochbett zwar oben, aber das ist mir doch zu hoch."

Herr Herbstein hatte verstanden. Vorsichtig stieg er mit Wischer und Wischeimer neun Sprossen hoch und schaute nicht nach unten.

Er stand gerade auf der neunten Sprosse, und wollte mit dem Putzen beginnen, als ihm auffiel, dass gar kein Wasser im Wischeimer war. Oh nein, so ein Pech. Laut stöhnend stieg er die neun Sprossen herunter. „Elvis", klagte er erschöpft, „wie soll ich die Laterne putzen, wenn kein Wasser im Wischeimer ist?"

Elvis hatte verstanden: „Ey-ey, Herr Kapitän, Matrose Elvis wird Wasser holen, oder?" Er lief fort und kam schnell mit dem prall gefüllten Wischeimer wieder. Herr Herbstein holte tief Luft und stieg noch einmal die neun Sprossen der Leiter empor. Endlich stand er oben und schaute vorsichtig und ängstlich nach unten. Alles sah ganz klein und lustig aus. Unten stand Elvis und winkte mit den Wischer. Mutig wollte Herr Herbstein den Wischer … Moment, hatte Elvis nicht unten mit dem Wischer gewinkt? Oh nein, so ein Pech! Herr Herbstein hatte vor lauter Eile den Wischer vergessen und war nur mit dem Wischeimer hochgestiegen. Wütend stieg er die neun Sprossen der Leiter herunter, riss Elvis den Wischer aus der Hand und stieg die Riesenleiter wieder hoch. Dieses Mal hatte er wirklich alles dabei und er begann mit dem Laternenputz.

Aber so sehr sich Herr Herbstein auch anstrengte, er bekam die Laterne nicht sauber.

Putz, putz, putz, weg geht nicht der Schmutz.

„Was ist los?", schrie Melina, so laut sie konnte.

„Ich bekomme die Laternenspitze nicht sauber. Sie ist zu schmutzig!", schrie Herr Herbstein, so laut er konnte. Nun wussten alle nicht mehr weiter. In diesem Augenblick kam Frau Brumshagen von ihrem Einkauf nach Hause und sah die große Leiter in ihrem Garten stehen.

„Was ist denn hier los?", fragte sie erstaunt.
Elvis kam auf sie zugelaufen und gab ihr einen Kuss.

„Ey-ey, Frau Kapitän! Ein Glück, dass du da bist. Wir haben heute einen Putzbrief bekommen und nun wird die Laterne nicht sauber, oder?"
Frau Brumshagen lachte und sagte: „Aber Kinder Laternenputzen ist ganz einfach. Man nimmt dazu ein extra Reinigungsmittel für stark verschmutzte Laternen, schüttet davon 40 Tropfen ins Wischwasser und legt los."
Herr Herbstein stieg alle neun Sprossen der Leiter wieder herunter und sah, wie Frau Brumshagen aus ihrer Einkaufstüte ein extra Laternenputzmittel hervorzauberte und davon 40 Tropfen in das Wischwasser schüttete.
„Wie praktisch, dass Sie gerade für den Frühjahrsputz eingekauft haben", seufzte er erleichtert.
Nun ging alles ganz schnell. Herr Herbstein stieg wieder vorsichtig mit Wischer und Wischeimer die Leiter hoch und putzte unter dem Singen der Kinder: „Putz, putz, putz, weg geht nun der Schmutz", die blaue Laterne blitzeblank, bis sie wieder glänzte wie die blauen Augen von Frau Brumshagen.
Am Abend schauten alle aus dem Fenster und warteten darauf, dass die Straßenlaterne anging – um ganz stolz und hell zu leuchten. Das sah schön aus.
Und alles war wieder gut und die Welt in Ordnung – bei Herrn Herbstein und den bravsten Kindern der Welt.

DER GUTENACHTKUSS

Einmal wollte Frau Brumshagen ins Kino gehen. Eine Freundin hatte sie eingeladen. Zum Glück hatte Herr Herbstein Zeit auf die Kinder aufzupassen.
„Ich will auch ins Kino", krächzte der Papagei.
„Wenn mal ein schöner Papageienfilm kommt, dann gehen wir ins Kino", lachte Herr Herbstein und kraulte seinem Papagei den Hals.
„Au ja, einen richtigen Knutsch- und Kneiffilm will ich sehen", krächzte der Papagei.
„Was ist denn ein Knutsch- und Kneiffilm?", fragte Frau Brumshagen.
„Ein Knutsch- und Kneiffilm ist ein solch schöner Liebesfilm, dass man sich kneifen muss, um ganz sicher zu sein, dass man nicht träumt", erklärte Herr Herbstein.
Frau Brumshagen schaute auf die Uhr.
„Ich muss los", sagte sie. „Sonst komme ich zu spät ins Kino."
Die Kinder hatten ihre Schlafanzüge an und darüber einen Bademantel. Elvis lag bei Melina im Bett und beide schauten sich ein Bilderbuch an. Neben ihnen lagen Örschi, das Schaf, und Reinhardt, der Bär, und schauten mit. Örschi war Melinas Lieblingskuscheltier und Reinhardt war Elvis Lieblingskuscheltier.
„Hallo ihr vier", sagte Herr Herbstein, „ihr habt es euch aber gemütlich gemacht."
„Ich bin ganz müde", sagte Elvis gähnend, „aber Reinhardt lässt mich nicht schlafen, oder?"
„Reinhardt macht immer Quatsch", murmelte Melina und blätterte in ihrem Bilderbuch.
„Ich wollte gerade einschlafen", beklagte sich Elvis, „da fing Reinhardt ganz laut an zu singen."
Herr Herbstein nahm Reinhardt auf den Arm und flüsterte: „Du, du, du, du, lass mir bloß den Elvis in Ruh."
„Wenn Elvis nicht schlafen kann, dann kommt er immer hochgekrabbelt und macht mich und Örschi wach", murmelte Melina, ohne von ihrem Buch aufzublicken.
Herr Herbstein überlegte und sagte: „Da gibt es nur eins. Ich kenne die schönste Gutenachtgeschichte der Welt. Die ist so schön, dass alle danach sofort einschlafen können."
„Reinhardt auch, oder?", fragte Elvis.

„Natürlich", schmunzelte Herr Herbstein, „Reinhardt und Örschi auch."
Melina schlug ihr Bilderbuch zu, nahm Örschi in den Arm und jagte Elvis und Reinhardt aus ihrem oberen Bett ins untere Bett. Herr Herbstein begann zu erzählen: „Es war einmal eine kleine Dampfwalze, die stand so lange auf dem Dampfwalzen-

parkplatz, dass sie beschloss eine Spazierfahrt zu machen. Natürlich machen Dampfwalzen einen Riesenkrach, wenn sie herumwalzen und herumdampfen, aber wenn sie nicht herumwalzen und herumdampfen würden, wären es auch keine Dampfwalzen."
Melina drückte ihr Schaf Örschi an sich und Elvis seinen Bären Reinhardt. Herr Herbstein erzählte weiter.
„Plötzlich sah die Dampfwalze eine Telefonzelle und dachte, die schaue ich mir genauer an und boing, kräsch, wurscht, war die Telefonzelle von der Dampfwalze platt gefahren. Oh, dachte die Dampfwalze. Ich sollte mal wieder meine Bremsen überprüfen lassen. Aber ehe sie sichs versah, stand sie vor einem Briefkasten und boing, kräsch, wurscht, hatte sie auch diesen platt gemacht. Dabei wollte die Dampfwalze noch ausweichen und boing, kräsch, wurscht, war auch die Ampel platt wie ein Pfannekuchen."
„Herr Herbstein?", unterbrach Elvis die Geschichte.
„Was ist denn, Elvis?", fragte Herr Herbstein und beugte sich zu dessen Bett herunter.
„Reinhardt findet deine Geschichte übertrieben", flüsterte Elvis.
„Reinhardt findet meine Geschichte übertrieben?", flüsterte Herr Herbstein zurück. „Reinhardt soll aufpassen, was er sagt, sonst erzähle ich nicht weiter."
Elvis und Reinhardt lachten, kuschelten sich wieder aneinander und Herr Herbstein erzählte weiter: „Die Dampfwalze war also ganz traurig. Alles hatte sie boing, kräsch, wurscht, platt gemacht. Traurig hörte sie auf zu dampfen und zu walzen, als sie plötzlich einen Riesenlärm wahrnahm und eine wunderschöne Dampfwalze auf sich zurollen sah. Unsere Dampfwalze fuhr ihr gleich entgegen. Da machte es plötzlich …"
„Boing! Kräsch! Wurscht!", riefen Melina und Elvis gleichzeitig. „Und sie hatten sich gegenseitig platt gemacht."
„Nein", sagte Herr Herbstein, „die beiden Dampfwalzen fuhren zwar gegeneinander, aber gaben sich so den längsten Dampfwalzenkuss der Welt und wenn sie nicht gestorben sind, dann walzen sie noch heute."
Die Geschichte war zu Ende und Herr Herbstein gähnte zufrieden.

„Ich kann immer noch nicht schlafen", flüsterte Melina plötzlich. „Irgendwas fehlt noch."
„Reinhardt findet auch, dass noch was fehlt, oder?", ließ sich Elvis hören.
Herr Herbstein überlegte, was er machen sollte, irgendwas fehlte wirklich.
Unten wurde die Haustür geöffnet. Frau Brumshagen war aus dem Kino zurückgekommen.
„Schon wieder da?", fragte Herr Herbstein. „War der Film schön?"
Frau Brumshagen zog ihren Mantel aus und sagte: „Ja, es war ein wunderbarer Knutsch- und Kneiffilm. Er handelte von einem Mann und einer Frau, die sich so gern hatten, dass sie sich einen ganz dicken Kuss gaben."
„Natürlich", dachte Herr Herbstein sofort, „das ist es. Kinder brauchen vor dem Einschlafen einen Gutenachtkuss. Das hatte ich vergessen."
Als könnte Frau Brummshagen Gedanken lesen, fragte sie plötzlich: „Habt ihr Herrn Herbstein schon einen Gutenachtkuss gegeben?".
Beide Kinder schüttelten den Kopf. Da gab ihnen Herr Herbstein einen Gutenachtkuss und Örschi und Reinhardt auch.
„Boing, kräsch, wurscht", flüsterten Melina und Elvis und schliefen ein.
Und alles war wieder gut und die Welt in Ordnung – bei Herrn Herbstein und den bravsten Kindern der Welt.

DIE STREUGUTTESTER

Draußen schneite es, als es klingelte und vor Herrn Herbsteins Haustür ein Schneemann stand.
„Guten Tag, Schneemann", sagte Herr Herbstein. „Was kann ich für dich tun?"
Der Schneemann schüttelte sich, bis er vom Schnee befreit war und sagte:
„Ich bin es doch, Frau Brumshagen", sagte Frau Brumshagen. „Es schneit nur so stark, dass man in wenigen Sekunden eingeschneit ist und so aussieht wie ein Schneemann."
Herr Herbstein schaute schnell aus dem Fenster und sah die Schneeflocken Walzer tanzen.
„Was kann ich für Sie tun, Frau Brumshagen?", fragte er schließlich und ahnte schon, was er für sie tun konnte.
„Ich wollte Sie fragen, ob sie auf Melina und Elvis aufpassen könnten. Wenn es so weiter schneit, wird bald der Bürgersteig ganz weiß und rutschig sein. Ich wollte in die Stadt und einen Schneeschieber kaufen, damit nicht irgendein Fußgänger auf meinem Bürgersteig auf seinen dicken Hintern fällt", sagte Frau Brumshagen.
„Ja dann", lachte Herr Herbstein und machte sich auf den Weg zu den bravsten Kindern der Welt.
Melina und Elvis waren in der Küche und füllten gerade eine Tüte Mehl in ein Küchensieb.

„Was macht ihr denn da?", fragte Herr Herbstein und zog seine Handschuhe aus.
„Lass deine Handschuhe ruhig an", murmelte Melina und hielt das Mehlsieb über die Spüle und schüttelte es so, dass das Mehl aus ihm herausfiel.
„Es klappt", jauchzte Elvis. „So kriegen wir den Bürgersteig stumpf, oder?"
Herr Herbstein zog seine Handschuhe wieder an und fragte erneut: „Was macht ihr denn da? Was habt ihr denn vor?"
Melina zeigte auf den matschigen Bürgersteig und sagte: „Bis Mama mit ihrem Schneeschieber wieder da ist, hat sich die halbe Stadt auf unserem Bürgersteig langgelegt. Wir wollen das Mehl über den Schneematsch streuen, damit sich keiner auf unserem Bürgersteig einen wunden Popo holt."
„Ihr habt also ein neues Streugut erfunden?", fragte Herr Herbstein.
„Wer weiß?", murmelte Melina. „Wir müssen unser Mehl erst testen, dann weiß man, was man hat."
Plötzlich hatte sie eine Idee.
„Wir brauchen einen Streuguttester. Einen unerschrockenen Mann, der wagemutig über die Eisdecke rennt und sich im Namen der Wissenschaft auf die Nase legt", rief sie und schaute dabei Herrn Herbstein an.

„Streuguttester, Streuguttester", sang Elvis und zog sich seine Winterstiefel mit Klettverschluss an.
„Au weh", murmelte Herr Herbstein. Er hatte verstanden.
„Wenn ich der neue Streuguttester sein soll, dann brauche ich ein großes Kissen, welches ich mir auf den Hosenboden binden kann."
„Warum denn das?", fragte Elvis und ließ sich dabei Mütze, Anorak und Handschuhe anziehen.

„Weil ich mir sonst den Hintern wehtue", erwiderte Herr Herbstein und band sich das Kissen, welches ihm Melina gebracht hatte, mit einem Schal um seinen Popo.
So ausgerüstet stiefelten die drei mit dem Mehlsieb nach draußen. Es schneite noch immer wie in einem Schneeschüttelglas. Melina schritt den Bürgersteig ab und ließ dabei das Mehl aus dem Sieb fallen.
„So", schrie Melina vom anderen Ende des Bürgersteiges, „so dürfte es vielleicht nicht mehr glatt sein."

„Was heißt vielleicht?", fragte Herr Herbstein besorgt. Er ahnte Schlimmes. Er seufzte, nickte mit dem Kopf und ging vorsichtig, ganz, ganz vorsichtig auf Mehl und Eis den Bürgersteig entlang.
„Hurra", rief er, „es klappt!", und kam ohne auf den Hintern zu fallen am anderen Ende an.
„Er geht zu langsam, oder?", flüsterte Elvis Melina zu.
„Genau", rief Melina. „Du musst über die Eisfläche rennen, damit wir wirklich wissen, ob Mehl richtiges Streugut ist."
Also gut, Test ist Test. Herr Herbstein nahm seinen ganzen Mut zusammen und rannte, so schnell er konnte, über den vereisten Bürgersteig. Bautz, zackdiback und hastenichtgesehen landete er mit einem lauten Schrei auf dem Hosenboden.
„Uaaah!", jammerte er. „Eines ist sicher: Mehl schützt nicht vor Schnee und Glatteis. Ich habe Glück, dass ich nur auf meinen Hintern gefallen bin und nicht auf die Nase."

Melina und Elvis zogen ihn hoch und überlegten, was zu tun sei.
„Ich habe eine Idee", schrie Elvis plötzlich und lief ins Haus zurück.
Nach einiger Zeit kam er mit einer Rolle voller bunter Schokoladen-Smarties wieder.
„Was hast du damit vor?", fragte Melina besorgt. Es waren ihre Schokoladen-Smarties.

„Wenn Mehl nicht hilft, helfen vielleicht die vielen bunten Smarties, oder?", sagte Elvis und aß eines davon.
„Und was sagt unser Streuguttester dazu?", fragte Melina besorgt.
„Ich meine, ich habe noch nie gehört, dass Schokoladen-Smarties gegen Schnee und Glatteis eingesetzt werden. Aber klüger ist man immer hinterher."

Melina seufzte. Schweren Herzens ließ sie Elvis ihre bunten Smarties auf den Bürgersteig streuen, bis es dort so bunt war wie vor einem Hexenhaus. Elvis hatte sich beim Streuen ein paar der bunten Schokotaler in den Mund gesteckt und nuschelte nun: „Los, Herr Herbstein. Du bist dran! Zeig mal, was du kannst, oder?"
Und wieder nahm Herr Herbstein allen Mut zusammen und rannte über den Bürgersteig, bis er sich wieder, bautz, zackdiback, hastenichtgesehen, auf seinen Hosenboden setzte.
„Uaaah!", jammerte er. „Zum Glück habe ich ein Kissen umgebunden. Aber die Schokotaler scheinen mir doch eher zum Knabbern gemacht, und sind im Winterdienst nicht zu gebrauchen."
Traurig schaute Melina auf ihre verstreuten Schokotaler, die vom Schnee aufgeweicht kleine bunte Pfützen bildeten.

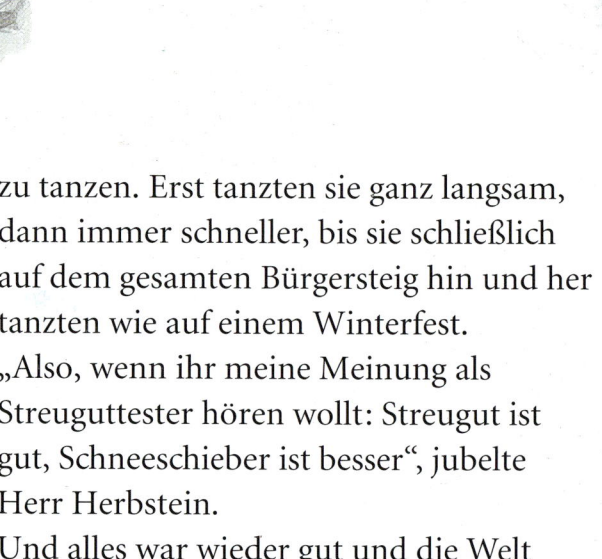

In diesem Augenblick kam Frau Brumshagen aus der Stadt und sah die Bescherung. Sie hatte einen großen Schneeschieber gekauft und wickelte ihn sofort aus seiner Verpackung.
„Da komme ich ja gerade richtig", lachte sie und half Herrn Herbstein beim Aufstehen. „Bei Schnee und Eis hilft immer noch der Schneeschieber am besten."
Und sie begann zackdiback, hastenichtgesehen, unter den staunenden Blicken der Streuguttester, den Bürgersteig von Schnee und Eis zu befreien. Vorsichtig fing Herr Herbstein mit Elvis auf dem Bürgersteig an zu tanzen. Erst tanzten sie ganz langsam, dann immer schneller, bis sie schließlich auf dem gesamten Bürgersteig hin und her tanzten wie auf einem Winterfest.
„Also, wenn ihr meine Meinung als Streuguttester hören wollt: Streugut ist gut, Schneeschieber ist besser", jubelte Herr Herbstein.
Und alles war wieder gut und die Welt in Ordnung – bei Herrn Herbstein und den bravsten Kindern der Welt.

BIMMELBAMMELBUMMELBAHN

Ein Auto darf man nur mit einem Führerschein fahren. Als Frau Brumshagen ihre Führerscheinprüfung hatte, passte Herr Herbstein auf die Kinder auf. Er beschloss mit den Kindern zum Allwetterzoo Münster zu fahren. Bepackt mit Apfelstückchen für die Fledermäuse, drei Bananen für die Schimpansen, Knabbernüsse für die lustigen Erdmännchen und ein Brot für die Elefanten gingen sie zum Hauptbahnhof. Auf Gleis 4 stand schon die Bimmelbammelbummelbahn nach Münster und gab schon vor der eigentlichen Abfahrt um 14.00 Uhr eine Verspätung von 10 Minuten bekannt. Herr Herbstein setzte sich mit Melina und Elvis in ein leeres Abteil und drehte Däumchen.
„Warum fahren wir nicht?", fragte Melina.
„Genau", schimpfte Elvis. „Ich will in den Allwetterzoo und Ziegen streicheln, oder?"

„Ich weiß nicht, was hier los ist", sagte Herr Herbstein, als er draußen auf dem Bahnsteig einen Schaffner vorübergehen sah. Schnell zog er das Abteilfenster nach unten und rief: „Herr Oberschaffner, was ist denn los? Warum fahren wir denn nicht?"
Der Schaffner kratzte sich am Kopf und sagte: „Unsere Lok ist kaputt und muss ausgetauscht werden."
Herr Herbstein, Melina und Elvis machten es sich im Abteil bequem und warteten auf die Abfahrt. Nach zehn Minuten hörten sie auf dem Bahnsteig die Lautsprecherdurchsage: „Achtung, Achtung, die Abfahrt des Bimmelbammelbummelzuges auf Gleis 4 verzögert sich um weitere 20 Minuten."
„Lasst uns dann ein Lied singen", sagte Herr Herbstein. „Dann vergeht die Zeit wie im Flug."
„Bimmelbammelbummelbahn,
wann fängt unsre Reise an?
Wir woll'n zum Allwetterzoo,
geht es los, freu'n wir uns so:
sch-sch-sch-sch-sch!"
Als sie dachten, dass es nun wirklich losgehen würde, ertönte wieder eine Lautsprecherdurchsage: „Achtung, Achtung, die Abfahrt des Bimmelbammelbummelzuges auf Gleis 4 verzögert sich noch einmal um voraussichtlich 30 Minuten."
Das war zu viel. Jetzt standen sie schon seit einer halben Stunde auf dem Bahnhof

und waren noch keinen Meter vorwärts gekommen.

„Ich habe eine Idee", sagte Herr Herbstein den enttäuschten Kindern. „Wir singen noch einmal unser Lied und dann tun wir einfach so, als wären wir im Allwetterzoo angekommen."

Bimmelbammelbummelbahn,
endlich kommen wir jetzt an.
Auf dem Bahnhof tun wir so,
als wär alles hier ein Zoo:
sch-sch-sch-sch-sch!"

„Alles aussteigen!", schrie Herr Herbstein wie bei einer Bahnhofsdurchsage.
„Herzlich willkommen im Allwetterzoo Münster."

Melina und Elvis stiegen aus und standen auf dem Bahnsteig.
„Und wo sollen wir nun die Tiere füttern?", fragte Elvis.
„Spiel ist Spiel", flüsterte Melina. „Wir gehen einfach am Zug entlang. Da entdecken wir so viele Affen und Tiger, wie wir wollen."

Melina nahm Elvis an die Hand und ging von Abteil zu Abteil, als wären das die Käfige. Im ersten Abteil waren laut singende Fußballfans. Sie hatten gelb-schwarze Schals um und waren auch im Gesicht gelb-schwarz geschminkt.

„Das sind Fußballfans von Borussia Dortmund", flüsterte Herr Herbstein.
„Quatsch", murmelte Elvis, „das ist der Tigerkäfig, oder?"
Wirklich, wenn man es sich ganz stark einbildete, sahen die acht gelb-schwarz gekleideten Fußballfans wie Tiger in einem Käfig aus, die knurrten und fauchten.
„Komm mit", sagte Melina. „Ich habe drei Schimpansenaffen entdeckt."
In einem Abteil turnten drei Zugschaffner in ihren dunklen Uniformen herum und stritten sich darüber, wann der Zug wieder losfahren müsste.
„Guten Tag, liebe Herren Oberschaffner", fragte Herr Herbstein, „wann geht es denn weiter?"

Der eine Schaffner hielt sich sofort die Augen zu, der zweite die Ohren und der dritte hielt sich die Hand vor den Mund.
„Aha", lachte Melina, „vielleicht wollen alle lieber eine Banane essen?"
Hungrig streckten die drei Zugschaffner eine Hand aus dem Fenster und ließen sich von Melina füttern."
„Toller Zoo hier", lachte Elvis. „Jetzt müssen wir nur noch die Erdmännchen füttern, dann hat die Warterei doch noch Spaß gemacht, oder?"
Elvis hatte Kinder entdeckt, die gelangweilt und neugierig ihre Nasen an die Scheibe des Kinderabteils drückten.
„Das sind unsere Erdmännchen", entschied Elvis. „Die füttere ich mit Knabbernüssen."

Das war eine Freude. Elvis hatte gerade die gesamte Tüte an die Kinder verteilt, als eine Bahnhofsdurchsage darauf hinwies, dass auch der Ersatzzug eine defekte Achse hätte und deshalb die Fahrt nach Münster endgültig gestrichen werden müsste. Traurig gingen Herr Herbstein und die Kinder nach Hause.

In der Einfahrt kam ihnen Frau Brumshagen mit ihrem neuen Auto entgegen und jubelte: „Ich habe es geschafft. Ich habe meine Führerscheinprüfung bestanden und darf nun Auto fahren, wohin ich will."

Erst dann bemerkte sie, wie traurig die Kinder waren und fragte: „Was ist denn hier los?"

Und Herr Herbstein erzählte, wie sie zum Zoo nach Münster fahren wollten, wie der Zug Verspätung hatte und wie sie Zoo gespielt haben, aber dabei doch nicht wirklich nach Münster gekommen sind. Da lachte Frau Brumshagen und rief: „Bitte einsteigen! Frau Brumshagen, frisch gebackene Inhaberin eines Führerscheins, fährt ab heute regelmäßig in den Allwetterzoo. Wer Lust hat mitzufahren, sollte nun die Autositze einnehmen und sich anschnallen!"

Das ließen sich die drei nicht zweimal sagen. Alle stiegen ins Auto und streichelten sich so, als wär die ganze Welt ein Streichelzoo.

Und alles war wieder gut und die Welt in Ordnung – bei Herrn Herbstein und den bravsten Kindern der Welt.

DATTELRÖLLCHEN, NEIN DANKE!

Frau Brumshagen war zum Geburtstag eingeladen. Ihre Freundin Gisem wurde vierzig Jahre alt und hatte zu einem Festessen mit Spezialitäten aus ihrem Land gebeten. Zum Glück hatte Herr Herbstein Zeit und Lust auf Melina und Elvis aufzupassen. Es war Mittwoch und Markttag. Er beschloss mit beiden Kindern dorthin zu gehen.
„Wir wollen nicht auf den Markt!", nörgelte Melina. „Bestimmt treffen wir wieder Murat und der schenkt uns Dattelröllchen."
Elvis verzog das Gesicht und sagte: „Wir müssen nicht nur seine Dattelröllchen essen, sondern bekommen immer noch vorher einen Kuss."
Herr Herbstein schüttelte den Kopf: „Moment", sagte er. „Sagt mir, wenn ich etwas nicht richtig verstanden habe: Auf dem Markt steht also ein freundlicher Mann, der euch Dattelröllchen schenkt und euch vorher einen Kuss gibt?"

„Genau", riefen Melina und Elvis gleichzeitig.
Herr Herbstein verstand immer noch nicht. „Und was ist daran so schlimm?"
Elvis lief küssend im Zimmer herum, als Melina erklärte: „Murat ist ein Freund von Mama. Er hat einen Stand mit Fladen, Oliven, Schafskäse und eben Dattelröllchen."
„Dattelröllchen, Dattelröllchen!", rief Elvis zwischen seinen Kusseinlagen.
Melina erzählte weiter: „Es ist nur so! Wir mögen keine Dattelröllchen und wollen vorher auch keinen Kuss haben."
Herr Herbstein lachte und sagte: „Keine Sorge, das kriegen wir schon hin. Heute gibt es keine Küsse und keine Dattelröllchen. Das verspreche ich euch."
Herr Herbstein nahm beide Kinder an die Hand. Lachend und singend gingen sie in die Stadt. Kaum waren sie auf dem Markt angekommen, versteckten sich Melina und Elvis hinter Herr Herbsteins Beinen und waren mucksmäuschenstill.
Herr Herbstein schüttelte den Kopf: „Jetzt übertreibt mal nicht. Murat ist doch ein Freund eurer Mama, da muss man doch nicht so ein Theater machen."
Langsam ging Herr Herbstein weiter. Das war gar nicht so einfach mit zwei Kindern,

die sich an seine Beine klammerten um unbemerkt über den Markt zu kommen.
„Aufgepasst", flüsterte Elvis, „dort ist sein Stand, oder?"
Vor ihnen standen zwei Weinfässer, auf denen ein Holzbrett lag. Auf dem Holzbrett waren Fladen, Olivenkörbe, Schafskäse und Dattelröllchen aufgebaut. Daran war eine Fahne gelehnt, auf der „Syrische Spezialitäten – Murats Dattelröllchenoase" stand. Herr Herbstein schaute genau nach, aber kein Murat war zu sehen.
„Murat holt sich sicher einen Kaffee", flüsterte Elvis. „Lasst uns weiter gehen, oder?"
Herr Herbstein drehte sich um und lachte: „Jetzt ist es aber gut. Macht nicht aus einer

Maus einen Elefanten. Murat ist doch euer Freund."
Melina schüttelte den Kopf über so viel Unverständnis und erinnerte: „Pssst, nicht so laut seinen Namen nennen, sonst ist er gleich bei uns, küsst herum und verteilt seine Dattelröllchen."
„Was habt ihr nur gegen leckere Dattelröllchen?", fragte Herr Herbstein wieder.
„Was habt ihr nur gegen leckere Dattelröllchen?", äffte Melina Herrn Herbstein nach. „Du kennst sie doch gar nicht. Iss du mal jeden Tag seine leckeren Dattelröllchen, dann vergeht dir auch irgendwann der Appetit."
„Genau", stimmte Elvis zu, „da kann Murat nett sein, wie er will. Dattelröllchen sind Dattelröllchen, oder?"
Nun wurde auch Herr Herbstein unruhig, schaute sich vorsichtig um und wollte schnell weiter.

„Alles klar", flüsterte er, „am besten, wir laufen schnell fort, sonst ..."
Plötzlich stand ein schwarzhaariger Mann mit einem Riesenschnurrbart hinter ihnen und streckte freundlich seine Arme aus. Über beide Wangen strahlend nahm er Elvis auf den Arm und rief laut: „Da bist du endlich, bravstes Kind der Welt!"
„Herr Herbstein", flüsterte Melina, „rette Elvis, du hast es versprochen!"
Murat wollte gerade beginnen Elvis abzuküssen, als Herr Herbstein schrie: „Nein Herr Murat, bitte nicht küssen. Elvis hat eine fiebrige Erkältung mit beginnendem Durchfall und stark einsetzenden Blähungen."
Murat hielt inne und streckte Elvis von sich wie einen nassen Schwamm. „Elvis ist krank?"
Wie auf Kommando begann Elvis zu husten und zu schnaufen. Murrat ließ ihn sofort herunter und schaute freundlich zu Melina, doch sie röchelte heiser: „Ich bin auch krank, Murat. Elvis hat mich angesteckt. Es ist besser, wir verzichten heute auf die Knutscherei."
Murat verstand die Welt nicht mehr und zwirbelte die Spitzen seines großen Schnurrbartes: „Das ist schade", sagte er traurig, „aber was ist mit Dattelröllchen? Dattelröllchen schmecken immer. Selbst, wenn man krank ist."
Elvis und Melina schüttelten den Kopf.
Herr Herbstein sagte: „Gerade bei einer fiebrigen Erkältung mit beginnendem Durchfall und stark einsetzenden Blähun-

„Ich mag keine Dattelröllchen", flüsterte Herr Herbstein.
Melina und Elvis fingen an zu lachen und hörten nicht eher auf, bis sie zu Hause waren. Wie groß war ihre Überraschung, als ihre Mutter ihnen von ihrer Freundin Gisem ein Geschenk mitgebracht hatte. Vor ihnen stand ein großer Teller mit selbst gebackenen syrischen Dattelröllchen. Elvis, Melina und Herr Herbstein schauten sich an und riefen laut: „Dattelröllchen, nein danke!"

gen hat der Arzt den Genuss von Dattelröllchen strengstens untersagt."
Murat war ratlos und wusste nicht wohin mit seiner Freundlichkeit. Plötzlich hatte er eine Idee. „Und was ist mit dir?", fragte er Herrn Herbstein.
„Was soll mit mir sein?", fragte dieser und ahnte nichts Gutes.
„Ich meine, bist du auch krank und hast du Blähungen?", fragte Murat unschuldig.
Herr Herbstein wollte gerade antworten, als ihm Murat schon einen dicken Kuss auf beide Wangen gab, in jede Hand ein Dattelröllchen drückte und nicht eher zufrieden war, bis Herr Herbstein beide Dattelröllchen aufgefuttert hatte.
„Und", fragte Murat, „wie schmecken sie?"
„Ganz fantastisch!", murmelte Herr Herbstein, nahm Elvis und Melina an die Hand und ging schnell fort, bevor ihm Murat noch ein Dattelröllchen schenken konnte.

„Na gut", sagte Frau Brumshagen und streichelte ihren Bauch, „dann ess ich sie eben alleine."
Und alles war wieder gut und die Welt in Ordnung – bei Herrn Herbstein und den bravsten Kindern der Welt.

Für Daniel Grosche, den echten Herrn Herbstein. E. G.
Für Rike und Robin. S. N.

Die Deutsche Bibliothek – CIP-Einheitsaufnahme
Ein Titeldatensatz für diese Publikation ist bei
Der Deutschen Bibliothek erhältlich

1 2 3 4   05 04 03 02

© 2002 Ravensburger Buchverlag Otto Maier GmbH
Text: Erwin Grosche
Illustration: Silvio Neuendorf
Redaktion: Birgit Macke
Printed in Germany
ISBN 3-473- 33052-3
www.ravensburger.de